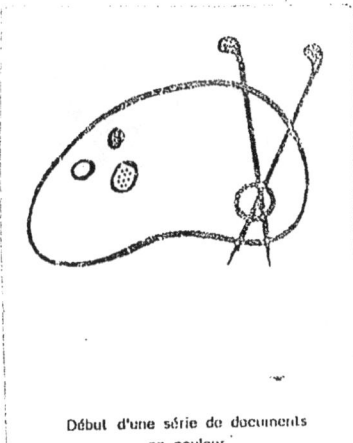

Début d'une série de documents en couleur

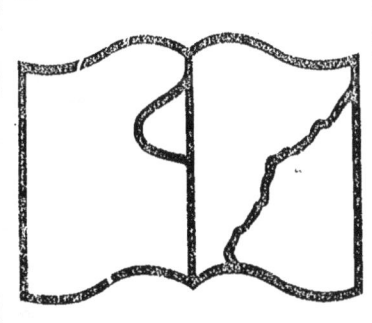

Texte détérioré --- reliure défectueuse
NF Z 43-120-11

BIBLIOTHÈQUE SPÉCIALE ...CTION

N° 116

L'Industrie Fromagère

DANS

Le Haut-Jura

PAR

Henri CORDIER
Directeur de l'école communale de Mouthe
(Doubs).

Jules MAGNEZ
Instituteur de la Ville de Paris,
Rédacteur d' « *Ombres et Lumière* »
et de la *Photographie française*.

E. MAZO, Éditeur
8, BOULEVARD MAGENTA, 8
PARIS

Adresse télégraphique : PROJECTION-PARIS. — Téléphone n° 251-17

CONFÉRENCES

N° 1. — L'EGY... — Conférence historique sur l'Egypte, ses anciens, les ру... lisques, les pyramides, etc., etc. 29 vues photo. prises sur natu... ontispice, en boite avec livret............ 30

N° 2. — LES BORD... — Conférence historique et géographique sur l'Egypte contemporaine. 29 vues ... ises sur nature et un frontispice, en boîte avec livret... 35

N° 3. — LE RHIN À ...IRE. — Voyage au bord du Rhin, extrêmement intéressant point de vue histoi... géographique et pittoresque : Mayence, Coblentz, Cologne, e 29 vues photo. pris... ur nature et un frontispice, en boîte avec livret............ 40 »

N° 4. — POMPÉI ET HERCULANUM. — Conférence en 29 vues photographiques sur nature, plus un frontispice, en boîte avec livret............ 35 »

N° 5. — L'ESPAGNE ET LA CIVILISATION MAURE. — Étude artistique et historique : l'Alcazar, l'Alhambra, Tolède, Séville, Grenade, Burgos, etc. 29 vues photographiques sur nature, avec frontispice, en boîte avec livret............ 42 »

N° 6. — PATRIE ! — Grande conférence patriotique en 29 vues photographiées d'après les meilleurs documents et un splendide frontispice, en boîte avec livret...... 28 »

N° 7. — LES HÉROS DE NOS VICTOIRES. — Grande série historique composée de 29 vues d'après tableaux ou gravures et d'un frontispice, en boîte avec livret... 28 »

N° 8. — LE MONT-SAINT-MICHEL. — Conférence artistique et historique en 29 vues photo. prises sur nature, plus un frontispice explicatif de l'entrée en matière... 28 »

N° 9. — LA BRETAGNE. — Voyage pittoresque, visite aux dolmens, coutumes, légendes, etc., en 29 vues photographiques, plus un frontispice............ 28 »

N° 10. — LES CURIOSITÉS ET LES GRANDES MERVEILLES DU MONDE, en 30 vues photographiques............ 35 »

N° 11. — L'ÉCOSSE. — Etude historique et voyage pittoresque : Edimbourg, les châteaux de Marie Stuart, Glasgow, le pont de Forth, le Tay Bridge, etc., avec un frontispice pour l'introduction et 29 vues photographiques sur nature, en boîte avec livret. 28 »

N° 13. — LA RUSSIE ET LES RUSSES. — Leur histoire, leurs arts, en 30 vues photographiques prises d'après nature, avec livret............ 42 »

N° 14. — LA GRAPHOLOGIE. — Etude très curieuse des caractères par l'écriture, avec 41 clichés photo. d'autographes de personnalités connues, avec livret et en boîte. 35 »

N° 15. — LA LOIRE ET SES CHATEAUX, en 26 tableaux, plus un frontispice d'introduction, avec livret et en boîte............ 40 »

N° 16. — VENISE LA BELLE, en 30 vues photo. prises sur nature. Splendide conférence artistique, anecdotique et historique, avec frontispice, en boîte avec livret...... 32 »

N° 17. — CONSTANTINOPLE. — Conférence historique et anecdotique, composée de 29 vues photo. sur nature, plus une vue-frontispice, en boîte avec livret explicatif............ 42 »

N° 18. — L'ALGÉRIE. — Histoire et conquête, en 30 tableaux photographiques, avec livret explicatif et en boîte............ 42 »

N° 19. — HISTOIRE DE LA CONQUÊTE DE LA NOUVELLE-CALÉDONIE, en 32 tableaux historiques et géographiques, photo. d'après dessins, livret et en boîte. 26 50

N° 35. — LE PANTHÉON (aux grands hommes la Patrie reconnaissante). le monument extérieur, les peintures de l'intérieur. par les Maîtres : Puvis de Chavanne, Delaunay, Jean-Paul Laurens, Maillot, etc., les tombeaux de Victor-Hugo, Sadi-Carnot, avec livret explicatif. 30 vues : en noir. 28 fr ; en couleur fine, 70 »

N° 50 — MON VOYAGE EN TUNISIE ET AU CAIRE. — Conférence historique, anecdotique et géographique, en 30 vues sur nature, en boîte avec livret............ 32 »

N° 51. — LE SALON MILITAIRE. — Conférence historique, patriotique et artistique, en 30 vues prises sur les tableaux mêmes des Maîtres, en boîte avec livret explicatif............ 35 »

LA GUERRE DE 1870-71 EN QUATRE PARTIES (Par BENOIT-LÉVY) :

N° 52. — Première Partie : **DE LA DÉCLARATION DE GUERRE JUSQU'A L'INVESTISSEMENT DE METZ.** — 30 vues photo. d'après cartes, plans, tableaux de maîtres, portraits, etc., en noir et en boîte avec livret explicatif............ 28 »

N° 53. — IIe Partie : **LE SIÈGE DE PARIS.** — 30 vues en noir et en boîte, livret explicatif............ 28 »

N° 54. — IIIe Partie : **LA DÉFENSE NATIONALE EN PROVINCE.** — 30 vues en noir et en boîte, avec livret explicatif............ 28 »

N° 55. — IVe Partie : **LES SIÈGES, LA PAIX.** — 30 vues en noir et en boîte, livret explicatif............ 28 »

N° 56. — LA GUERRE GRÉCO-TURQUE (1897). — Historique de la guerre, campagne d'Epire, Arta, Salora, Nicopolis, bombardement de Prévesa, etc. Campagne de Thessalie : Larissa, Velestino, Eubée, les Thermopyles, Lamia, etc., en 30 vues photographiques prises sur nature pendant et à la suite des opérations militaires, avec livret explicatif et en boîte............ 35 »

N° 57. — LE MONT ATHOS. — Très curieuse conférence historique, politique et archéologique sur les fameux monastères russes, grecs, serbes, bulgares, géorgiens, etc., sur lesquels flottent tant de légendes ; intérieurs et extérieurs, les rites, la vie des moines. 30 vues photographiques prises sur nature............ 35 »

N° 58. — **LES ILES IONIENNES.** — Conférence historique, politique, pittoresque. Corfou, Paxo, Céphalonie, etc. 30 vues photographiques prises sur nature .... **35 »**

N° 61. — **APOTHÉOSE DU LOUVRE.** — Conférence historique extrêmement attrayante et curieuse accompagnée de 30 vues photographiques prises sur les maquettes historiques de M. Horace de Callias, représentant le Louvre dans toutes ses transformations depuis sa fondation jusqu'à nos jours. Avec livret explicatif, en boîte **47 50**
Cette conférence ainsi que la suivante eurent un immense succès aux projections organisées par le Jardin Zoologique d'Acclimatation.

N° 62. — **LE PALAIS-ROYAL A TRAVERS LES AGES.** — Conférence historique et humoristique, complément de la précédente, comprenant 30 vues photographiques d'après les maquettes de M. de Callias, établies sur des documents absolument précis. Avec livret, en boîte **47 50**

N° 63. — **LE CONGO FRANÇAIS.** — Conférence géographique traitant de la pénétration française et de l'état actuel du pays, M. de Brazza, la mission Marchand, Libreville, etc., etc., comprenant 30 vues photographiques prises sur nature et une carte complète de l'Afrique montrant les zones d'influence française, anglaise et allemande. En boîte et en noir, avec livret .... **28 »**

N° 64. — **MADAGASCAR.** — Conférence historique et géographique traitant aussi des richesses de l'île, ce que l'on peut y faire, des mœurs des habitants, avec trente vues photographiques prises sur nature par M. Henri Mager, directeur de la Mission commerciale officielle. En noir, avec livret .... **28 »**

N° 65. — **YPRES, SON HISTOIRE, SES MONUMENTS.** — Causerie sur les choses et la civilisation flamandes, avec 30 vues photographiques, avec livret, en boîte .... **28 »**

N° 66. — **BRUGES ou LA VENISE DU NORD.** — Conférence historique et géographique, comprenant 30 vues photographiques prises sur nature, avec livret et en boîte .. **28 »**

N° 67. — **AU FOND DES MINES.** — Conférence sur les mines de houille, avec 30 clichés dont 3 figures schématiques et 27 sur nature, tous d'un très haut intérêt, avec livret explicatif, en noir et en boîte .... **28 »**

N° 68. — **PIERREFONDS (la vie seigneuriale au XV° siècle).** — Conférence historique en 30 vues photographiques prises sur nature, avec livret explicatif, en noir et en boîte .... **28 »**

N° 69. — **UNE SÉANCE DE PROJECTION.** — Conférence ou séance amusante pour enfants, comprenant 23 vues prises dans nos différentes séries alternant avec 13 tableaux mécanisés divers, avec texte humoristique du Prestidigitateur Alber, 68, rue François-Miron .... **125 »**

N° 70. — **L'ASTRONOMIE.** — Description de la Terre, son mouvement autour du Soleil description de la Lune, son mouvement autour de la Terre, les Phases, les Saisons, les Marées, le Soleil, Mercure, Vénus, Mars, les Astéroïdes, Uranus, Neptune, les Comètes, Eclipses de Lune et de Soleil, le Zodiaque, configuration du Ciel, les Nébuleuses, la Grande Ourse, La Voie Lactée, etc. — Soit 33 tableaux en couleurs fines, encadrés, formant 38 vues, dont 4 mécanisés, pour aider à la compréhension : en boîte avec livret explicatif .... **110 »**

N° 71. — **LES GRANDS MOTS HISTORIQUES.** — Conférence excessivement instructive et captivante : Courbe la tête, fier Sicambre; L'homme de fer; Dieu le veut; On ne prend jamais le Roi aux échecs; Tout est perdu, fors l'honneur; etc. Tirez les premiers, Messieurs les Anglais; Et après; Je rendrai Vincennes quand on m'aura rendu ma jambe; Nous sommes 300, ils sont 6 000, la partie est égale; J'y suis, j'y reste; Des cuirassiers, il n'y en a plus, etc. 34 vues en noir et en boîte .... **32 »**

N° 72. — **SUR LE BANC DE TERRE-NEUVE.** — Conférence très intéressante sur la pêche à la morue et la vie de nos marins au banc de Terre-Neuve Le départ de Fécamp, le bateau-hôpital, le courrier, les dorisses, les homarderies et le traitement du poisson à bord et à terre, en boîte, avec livret *Prix : en noir,* **28 fr. ;** *en couleur,* **70 »**

N° 73. — **LES ENGRAIS CHIMIQUES.** — Conférence toute d'actualité, 30 vues toutes d'essais comparés, prises sur nature, explication raisonnée de l'emploi explicatif des engrais selon la nature des terrains et les cultures. — En boîte avec un livret .... **28 »**

N° 75. — **LES MOYENS DE LOCOMOTION.** — Conférence très attrayante et très instructive sur les moyens de locomotion anciens et modernes. — 30 vues photographiques, en boîte. *Prix : en noir,* **28 »**
(Dans cette conférence, il n'est parlé que très rapidement des moyens actuels, qui sont connus de tout le monde, afin de faire une plus large place aux autres. Les transports fluviaux et maritimes, qui feront partie d'une conférence ultérieure, en sont également exclus.)

N° 76. — **L'ALCOOLISME.** — Conférence, avec épreuves photographiques à l'appui, sur les terribles ravages occasionnés dans notre organisme par l'Alcool : Misère, Phtisie, Folie, Dégénérescence, etc. — 30 vues .... **29 »**

N° 77. — **CURIOSITÉS ET ORIGINALITÉS DE L'ANCIEN PARIS.** — Conférence faite d'après des documents historiques sûrs. — 30 vues, en boîte et avec livret explicatif.
Prix : en noir, **28 »**

N° 78. — **LE JARDIN DES PLANTES.** — Conférence à succès sur les animaux les plus divers : Ours, Lions, Hyènes, Tigres, Chacals, Hippopotames, Zébus, Mouflons, Otaries, Serpents, Vautours, Aigles, Singes, Eléphants, Girafes, etc., etc. — 30 vues d'après nature, en boîte et avec livret explicatif. *Prix : en noir,* **28 »**

N° 79. — **UNE FORTUNE RURALE DÉLAISSÉE.** — L'élevage et l'utilité des Abeilles, leurs mœurs, les travaux du rucher, les produits des abeilles, etc. — 30 vues, en boite et avec livret explicatif. *Prix : en noir*, 28 »

N° 80. — **LES MALADIES DE LA VIGNE.** — Conférence accompagnée de 30 vues photographiques en noir — En boîte et avec livret explicatif. *Prix : en noir*, 32 »

N° 81. — **LES AÉROSTATS.** — Histoire de la navigation aérienne depuis ses débuts jusqu'à nos jours : les machines volantes, les montgolfières, les ballons à gaz, les ballons militaires, les applications scientifiques, l'aviateur Roze et Santos-Dumont, en boite.
Prix : en noir, 28 fr. ; *en couleur*, 70 »

N° 82. — **LES MACHINES AGRICOLES.** — Etude sur l'agriculture et le perfectionnement de l'outillage. Conseils pratiques, 30 vues... 28 »

N° 83. — **HISTOIRE DE LA PEINTURE FRANÇAISE** jusqu'à nos contemporains, 30 vues en noir... 28 »

N° 84. — **HISTOIRE DE LA SCULPTURE FRANÇAISE** jusqu'à nos contemporains, 30 vues en noir... 28 »

N° 85. — **EN VISITE CHEZ LE ROI-SOLEIL**, Versailles, Palais, Musée et les Trianons, 30 vues en noir avec livret. *Prix : en noir*, 28 fr ; *en couleur*, 70 »

N° 86. — **LES MONUMENTS DE PARIS** et les plus belles pages de leur histoire, 30 vues en noir avec livret *Prix : en noir*, 28 fr. ; *en couleur*, 70 »

N° 89 **LES MARINES DU PASSÉ.** — Conférence publiée sous les auspices de la Ligue maritime française, 30 vues en noir. *Prix : en noir*, 28 fr. ; *en couleur*, 70 »

N° 90. — **NOTRE MARINE MILITAIRE.** — Conférence publiée sous les auspices de la Ligue maritime française. Conférence excessivement instructive : visite en détail d'une escadre française et de tous les types de nos navires de guerre les plus récents, avec de magnifiques photographies et un livret explicatif très complet. 30 vues en noir.
Prix, en noir, 28 fr. ; *en couleur*, 70 »

N° 91. — **LA VIE A BORD**, 30 vues prises sur nature, avec livret explicatif, publié sous le haut patronage de la Ligue maritime française. *Prix, en noir*, 28 fr. ; *en couleur*, 70 »

N° 92. — **LES CORSAIRES FRANÇAIS.** — Conférence patriotique extrêmement intéressante et instructive, remplie d'anecdotes tragiques et amusantes, avec livret explicatif, et 30 vues à l'albumine, en boite. *Prix, en noir*, 28 fr. ; *en couleur*, 70 »

N° 93. — **LES OISEAUX UTILES ET NUISIBLES.** — Conférence très documentée accompagnée de 30 vues toutes prises sur nature et d'un livret explicatif, en boîte...... 28 »

N° 94. — **LES MAMMIFÈRES DE FRANCE** utiles et nuisibles. Conférence très documentée accompagnée de 30 vues toutes prises sur nature et d'un liv. expli., en boîte 28 »

N° 95. — **LE SUCRE.** — Conférence sur la fabrication du sucre avec étude comparative des cultures de betteraves et de cannes, en 30 vues à l'albumine, en boîte avec livret explicatif très documenté.. 28 »

N° 96. — **L'ARTILLERIE A TRAVERS LES AGES.** — Conférence extrêmement curieuse, comprenant tous les moyens d'attaque et de défense d'autrefois : arcs, arbalètes, baliste, catapulte, tour mobile, tortue, bélier, corbeau, sambuque, bombarde, etc., etc., et manœuvre de ces engins; canons rayés et à tir rapide, mitrailleuses, etc..... 28 »

N° 97. — **LA GUERRE ANGLO-BOER.** — En chromolithographie reportée sur verre, sujet tout d'actualité, en 50 vues, avec livret explicatif, 60 vues en boîte............ 35 »

N° 98. — **LE DERNIER VOYAGE DU TSAR EN FRANCE.** — Les fêtes de Dunkerque, Compiègne, Reims et Bétheny. — 30 vues avec livret et en boîte — *Prix : en noir*, 30 »

N° 99. — **LES ARBRES DES BOIS.** — Conférence en 30 vues photographiques prises sur nature, en boîte, avec livret. *Prix : en noir*, 28 »

N° 100. — **NAPLES** et ses environs. — Conférence historique, artistique et anecdotique des plus intéressantes, en 30 vues, en boîte. *Prix : en noir*, 32 fr. ; *en couleur*, 70 »

N° 104. — **FLORENCE** — Conférence géographique, historique et anecdotique extrêmement intéressante sur la ville des Médicis, en boîte, en noir, avec livret.
Prix : en noir, 30 fr. ; *en couleur*, 70 »

N° 107. — **ROME ANCIENNE ET MODERNE.** — Conférence historique sur la capitale de l'Italie. Dans cette conférence ne figurent pas les Eglises, le Vatican et Saint-Pierre, ces sujets formant l'objet d'une autre série toute spéciale (n° 31) intitulée : *Rome chrétienne;* en boîte, avec livret explicatif. *Prix : en noir*, 30 fr. ; *en couleur*, 70 »

N° 108. — **GÊNES LA SUPERBE.** — En 30 vues photographiques, prises sur nature, en boîte avec livret explicatif. *Prix : en noir*, 30 fr. ; *en couleur*, 70 »

N° 109. — **NICE, MONACO, CANNES ET MENTON.** — Splendide voyage extrêmement intéressant, en 30 vues photographiques, toutes prises dans ces lieux qui passent pour les plus beaux du monde, avec livret et récit du voyage.
Prix : en noir, 30 fr. ; *en couleur*, 70 »

N° 110. — **Les Antilles françaises.** — La Martinique. La Guadeloupe, etc., etc. Conférence géographique en 30 vues, avec livret. *Prix : en noir*, 30 fr. ; *en couleur*, 70 »

N° 111. — **Le Feu.** — Conférence scientifique en 30 vues, avec livret et en boîte.
Prix : en noir, 30 fr. ; *en couleur*, 70 »

N° 112. — **L'Eau.** — Conférence scientifique en 30 vues, avec livret, en boîte.
Prix : en noir, 30 »

N° 113. — **En Asie Centrale.** — Exploration du Turkestan russe, les monts Célestes, le pays Kirghize et les habitants. Conférence en 30 vues, avec livret
Prix : en noir, 30 fr. ; *en couleur*, 70 »

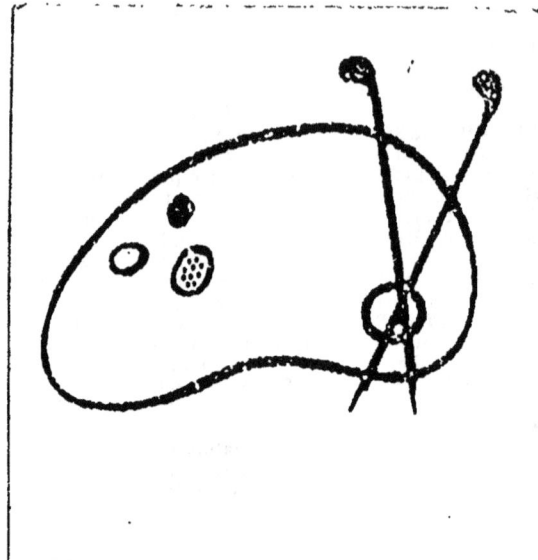

Fin d'une série de documents en couleur

BIBLIOTHÈQUE SPÉCIALE DE LA PROJECTION

N° 116

L'Industrie Fromagère

DANS

Le Haut-Jura

PAR

Henri CORDIER
Directeur de l'école communale de Mouthe
(Doubs).

Jules MAGNEZ
Instituteur de la Ville de Paris.
Rédacteur d' « *Ombres et Lumière* »
et de la *Photographie française*.

E. MAZO, Éditeur
8, Boulevard Magenta, 8
PARIS

Adresse télégraphique : PROJECTION-PARIS. — *Téléphone n°* 231-17

CONFÉRENCE POUR PROJECTIONS

LA
HAUTE MONTAGNE DU DOUBS

LES FROMAGERIES

DÉSIGNATION DES VUES

1. Carte.
2. Panorama.
3. Trois cultivateurs.
4. Le vieux chalet.
5. Le chalet moderne. — Extérieur.
6. — La cuisine.
7. — Les presses.
8. — Le pèse-lait.
9. La chambre à lait.
10. Sociétaire qui fait le fromage.
11. Instruments de travail.
12. Fromager au travail.
13. La levée du fromage.
14. Le serra et son moule.
15. La cave à fromages.
16. Emballage des fromages.
17. Une page du registre.
18. Une ferme dans la montagne.
19. — Vieille cheminée.
20. — La cuisine.
21. — La chambre à lait.
22. — La chambre à coucher.
23. Un armailler.
24. L'abreuvoir.
25. Le sapin-abri.
26. Une vache et sa cloche.
27. L'oiseau et la chaise.
28. Emballage des boîtes.
29. La descente des vaches.
30. Bergers aux regains.

E. MAZO, éditeur, 8, boulevard Magenta, PARIS

La Haute Montagne du Doubs

LES FROMAGERIES

La Montagne.

1. — A l'est de notre belle France, sur la frontière suisse, se trouve un département à la forme triangulaire bien prononcée : c'est le Doubs. Transportons-nous dans la pointe sud, c'est-à-dire dans la Haute Montagne, à la source même du Doubs. Nous sommes dans la région de *Mouthe*, où les villages sont à une altitude variant entre 900 et 1,200 mètres.

Gravissons un des sommets : le *Turchet*, par exemple, et portons nos regards dans la direction de la Suisse. Nous avons, en face de nous, deux grands chaînons du Jura : le *Noirmont* et le *Rizou* entre lesquels s'étend la zone des pâturages à une altitude de 1,200 à 1,500 mètres.

Pour ceux qui la connaissent mal, la *Montagne* n'a que des défauts : climat rude, sol rebelle au travail, habitants froids et d'un abord peu facile, et ceux-là se demandent comment on peut rester dans ces pays déshérités !

Ceux qui y sont nés, qui y vivent continuellement, ne lui trouvent que des charmes. Ses aspects sont variés : ici, une pointe aiguë, audacieuse, semblant une gigantesque épine, comme l'*Aiguillon de Beaulmes*; là, un mamelon arrondi qui surgit brusquement du sol, comme la *Roche de Châtel-Blanc* : ailleurs des masses imposantes comme le *Mont-d'Or*, le *Grand Crêt*, le *Môron*, le *Crêt Gerlin*, avec leurs croupes boisées et leurs grands pâturages où s'éparpillent de nombreux troupeaux de vaches.

2. — La montagne est belle le matin, quand elle est à demi voilée par la brume; à midi, quand elle est inondée des rayons de l'astre du jour, et le soir quand elle est embrasée des feux d'un magnifique soleil couchant.

Elle est belle au printemps, alors que ses prés se couvrent de petits croccus blancs, roses et violets, tandis que les terrains arides offrent leurs jolies primevères jaunes ou leurs mignonnes gentianes bleues. Par les sentiers, de vigoureux couples se promènent entre des bordures fleuries et embaumées d'aubépine et d'églantier.

Elle est belle en été, avec ses prairies émaillées de fleurs de toutes couleurs et dont les parfums vont se mêler à l'odeur balsamique que dégagent les vastes forêts de sapins. Et plus tard, quand elle est couverte d'innombrables tas de foin dont les émanations saturent l'air, alors les poumons s'élargissent, on se sent vivre !

Elle est belle en automne, quand les gazons sont roussis par la gelée, quand le grand bois se tache de plaques de rouille et que les noisettes dorées roulent aux pieds des buissons aux feuilles jaunies.

Elle est même belle en hiver, quand la campagne disparaît sous une immense couche de neige, quand les glaçons pendent aux grands sapins, quand la bise glaciale fait grincer les manteaux des cheminées; quand, sous les feux du soleil, sa surface scintille plus que des diamants ou se teinte de couleurs indéfinissables.

Et ses grandes voix qui chantent au cœur, qui se mettent au diapason de l'âme! C'est le murmure des clairs ruisseaux fuyant sur un lit de sable doré ou de cailloux polis, entre deux bordures de fleurettes mollement penchées sur l'onde; ce sont les sonneries argentines des troupeaux, les cris des bergers, les mâles chants de robustes travailleurs, les éclats de rire d'une folle jeunesse, le fracas d'un torrent impétueux, le grondement des cascades à la blanche écume, la grande voix de la forêt dont le vent fait vibrer les arbres, ainsi que les cordes d'un gigantesque instrument; c'est l'orage dans toute son effrayante beauté quand soudain, d'un ciel noir, jaillit l'éclair éblouissant, quand les échos des montagnes répercutent longtemps les coups éclatants du tonnerre!

La montagne n'a point de grandes cités; elle n'a pas de beaux monuments; à quoi bon? Elle est elle-même un chef-d'œuvre du Créateur!

Gravissez les sommets! Les ouvrages des hommes vous paraîtront minuscules; la nature vous montrera son immensité. L'air pur repose le corps, réjouit le cœur et élève l'âme. On oublie ses ennuis, on respire la paix, on devient meilleur. On éprouve une sainte émotion à la vue de toutes les belles choses de la nature : ce sentiment est plus qu'une prière, c'est un acte d'adoration!..

On médit également des habitants. Si le régiment est venu apporter des modifications dans les mœurs patriarcales d'antan, on trouve encore l'hospitalité d'autrefois, la franchise du montagnard et surtout l'esprit de *solidarité*.

Cet esprit se manifeste au sujet de l'exploitation d'une des ressources de la montagne : je veux parler du lait et par suite de l'*Industrie fromagère*.

La Société de fromagerie.

3. — Il y a plusieurs siècles, le fromage se faisait à tour de rôle chez chaque habitant. Le fromager fournissait les ustensiles nécessaires à la fabrication, ou tout au moins la chaudière. Cependant vers 1750, un pas en avant avait été fait dans quelques localités; les habitants s'étaient cotisés pour se procurer les meubles indispensables, ce qui permettait de congédier plus facilement le fromager lorsqu'on n'en était pas satisfait. Celui-ci, presque toujours Fribourgeois, allait de maison en maison pour fabriquer le *fromage de Gruyère*. Ce nom vient, suivant les uns, du petit village de *Gruyères*, dans le canton suisse de Fribourg; suivant les autres, ce serait des mots *fromage de fructère*, comme disaient nos ancêtres au moyen âge. Dans tous les cas, le fromager s'appelle le *fruitier*, pron. *fritier*.

Supposons, pour plus de clarté, que le fruitier se trouve un soir chez Jean. Dans le foyer pétille bruyamment un feu clair. Une grosse brassée de branches de sapin d'un mètre de long environ est posée à côté. Ce sont des *trintsons*, mot qui signifie : *bois pour trancher*, car pendant longtemps l'expression : *faire le fromage* a été remplacée par celle de *trancher*.

De l'autre côté est la grande chaudière, en cuivre rouge, d'une contenance de 300 à 400 litres. Elle est suspendue à une potence dont l'extrémité supérieure s'enfonce dans un trou pratiqué à la face inférieure de la grosse poutre de la cheminée. Ce trou se remarque encore dans quelques vieilles maisons.

Non loin de la porte, posée bien à plat, est une seille de bois dans laquelle est placée la *jauge*. C'est un morceau de bois, en forme de cône allongé, d'une longueur d'environ 40 cm. et terminé en haut par une boule, pour la saisir facilement. Les cultivateurs arrivent, les uns après les autres, portant le lait de leurs vaches, soit derrière leur dos, dans une *bouille*, soit surtout dans de petits baquets ovales, larges du haut, rétrécis à la base : ce sont les *grélets*. Les femmes apportent le lait dans des seilles en équilibre sur la tête et *bien posées sur un coussinet* ou *torche*. Il en est qui ont tellement l'habitude qu'elles tricotent en marchant, pour ne point perdre de temps.

Chaque cultivateur verse à tour de rôle son lait dans la seille. Le long de la jauge, des clous et des chiffres indiquent les *channes*, 2 litres, et les *pintes*, 1 litre. Le fruitier souffle sur le lait pour écarter le *jai*, mousse ou écume à la surface du liquide et lit la quantité apportée. Il retire la jauge, l'essuie avec un linge, le *pan-na-dzaze*, puis s'essuie les mains avec un autre : le *pan-na-man*, deux linges qui sont fournis par Jean.

Sur une chaise, non loin de là, est une autre seille dans laquelle plonge un bassin de cuivre étamé. On la remplit. Ce sera le lait pour les consommateurs qui viendront se servir eux-mêmes et paieront un sou par *chauveau*, 1/2 litre. Le produit de la vente appartient à Jean.

Chaque sociétaire apporte sa taille dont le fruitier a le double. Cette taille, en bois, est trop connue depuis le recouvrement des impôts par les collecteurs au moyen âge, pour que j'en donne la description.

Le fruitier marque au moyen de traits, de croix et de double-croix, la quantité totale du lait fourni par le cultivateur depuis son dernier fromage. La taille de Jean est *blanchie*, c'est-à-dire qu'il est à zéro litre. Ce soir-là, le fruitier annonce au public que c'est Pierre qui a le plus grand nombre de litres de lait sur sa taille. Ce sera chez Pierre qu'on fera le fromage le lendemain matin. On remplit la chaudière. Il reste, à peu près une cinquantaine de litres de lait qui sont portés chez Pierre. On les verse dans deux ou trois *rondots*, sortes de jattes en bois d'une hauteur de 10 cm., et d'une contenance moyenne de 20 litres. Le lait va y reposer toute la nuit.

Les sociétaires sont partis, le dernier acheteur est venu Jean va aider au fruitier à faire le fromage, opération qui sera décrite tout à l'heure, ainsi que la fabrication d'un second fromage moins connu, quoique plus odorant : le *serra*. Tous ces produits, ainsi que le petit-lait, sont à Jean.

Le fromage est mis en presse et, deux ou trois fois dans la nuit, le fruitier le retournera, car cet opérateur couche chez Jean où déjà il a pris le repas du soir.

Le lendemain, tout au matin, Pierre viendra avec son attelage ou une voiture à bras pour chercher le fruitier et son mobilier. Celui-ci va installer sa chaudière chez Pierre où il déjeunera et dînera. Il va commencer par lever la crème qui est à la surface des rondots. Cette crème appartient à Pierre qui la vendra ou la convertira en beurre, si cela lui plaît. On opère comme chez Jean. La taille de Pierre est blanchie et comme c'est Jacques qui a le plus grand nombre de litres de lait, c'est chez lui qu'on ira le soir.

Voilà comment fonctionnaient, il y a deux cents ans, les sociétés de fromagerie dans la plupart des villages de la montagne. Ces associations étaient infiniment préférables à l'isolement, mais les inconvénients nous paraissent nombreux aujourd'hui. C'est ainsi que le fruitier, par suite de sa vie nomade, était forcément un célibataire d'une conduite plutôt douteuse, si l'on en juge par la réputation qu'ont laissée ces Fribourgeois. En outre, le maniement de la jauge était sans contrôle et à son entière discrétion : s'il aimait à boire un coup, il payait en litres de lait imaginaires le verre d'eau-de-vie qu'on lui glissait de temps en temps. De plus, chaque sociétaire soignait ses fromages et cherchait à les placer, ce qui ne se faisait pas toujours sans peine. Si, par accident, le fromage était manqué, c'était une perte pour le possesseur, qui ne recevait aucune indemnité de ses co-sociétaires. Et assez souvent, ce malheur arrivait aux pauvres diables, les riches ayant plus de chance, ainsi que le dit le proverbe comtois : *A celui qui mange du pain blanc, le pain blanc vient !* Enfin, les produits accessoires : crème, beurre, vente du lait aux consommateurs, étaient inégalement répartis et sans compensation.

Le vieux chalet.

4. — C'est pour remédier à cet état de choses que, dans la première moitié du XIXe siècle, les sociétaires résolurent de se construire un chalet de fromagerie ou *fruitière*, pron. *fritière*. Dans les communes riches, la municipalité fit bâtir un édifice communal. Dans d'autres villages, de riches cultivateurs procédèrent par actions ; enfin, ailleurs, le chalet fut construit par corvées et par les sociétaires. Ceux-ci eurent alors des droits au bâtiment, droits non personnels, mais attribués aux maisons, de sorte que l'acquéreur d'une habitation dans ces localités, achetait en même temps les droits sur la fruitière.

L'ancien chalet est généralement une maison basse, reconnaissable à sa porte enfumée. On n'y voit qu'un rez-de-chaussée comprenant quatre pièces : la cuisine où se fabrique le fromage, la chambre à lait, la cave à fromages et le logement du fromager.

Le chalet modèle.

5. — Le chalet moderne est plus élégant. Comme il est disposé d'après des données rationnelles, on l'appelle : *chalet modèle*. La vue représente le chalet de Mouthe. C'est, comme on le voit, une belle maison, couverte en tuiles. Elle a un étage comprenant les logements des fromagers et la salle du Conseil d'administration de la société.

6. — Au rez-de-chaussée, on trouve les deux cuisines, dont le sol bétonné est en pente douce pour faciliter l'écoulement de l'eau du grand lavage quotidien. La vue montre l'une de ces cuisines. Au fond, sont deux énormes chaudières de plus de 400 litres et supportées par des potences en fer. Elles peuvent se placer sur un fourneau qui se compose de deux pièces s'écartant à volonté pour laisser passer la chaudière et se refermant pour l'emprisonner. Il en résulte que la flamme circule autour de la chaudière et que la fumée peut être dirigée dans la cheminée, au lieu de se répandre, comme autrefois, dans la salle. De plus, le feu peut être modéré ou activé, ce qui permet de régler la température de chauffe.

Au plafond, pendent les toiles à fromages. A droite est la table à fromage, sur laquelle on met la pièce dans son moule au sortir de la chaudière. Ce fromage est soumis à une pression d'environ 500 kilos.

7. — L'ancienne presse se composait d'un plateau portant à une extrémité une caisse C pleine de grosses pierres. Il était posé sur un bois triangulaire A. Sous la caisse se dressait une tige de bois B qui venait appuyer sur une poutrelle D. Celle-ci pressait sur deux plateaux E entre lesquels était la meule de fromage dans son moule M. Pour faire fonctionner la presse, on n'avait qu'à tirer sur la poignée K. Elle faisait abaisser le levier H et par suite la caisse de pierres se soulevait, la tige B devenait libre.

La nouvelle presse est formée d'un grand bras de levier L en fer, sur lequel glisse un gros poids de fonte P. Une boucle de fer C retient ce levier qui est mobile autour du point O. En A, il appuie sur une tige métallique qui roule sur deux rails R, ce qui permet de l'éloigner ou de la rapprocher sans peine. A sa partie inférieure tourne une manivelle B qui grâce à un pas de vis, permet de soulever le levier ou de le laisser retomber : il repose alors sur sa glissière attachée à la poutre. La meule de fromage est entre les plateaux E sur la table T. Celle-ci est un peu inclinée pour faciliter l'écoulement du petit-lait.

Dans un coin de la cuisine est le bureau sur lequel est posé un gros registre. C'est là que le fromager inscrit le poids du lait apporté. Chaque sociétaire a son compte spécial, dans lequel figurent la crème qu'il a reçue et le lait qu'il fournit. A côté, dans un casier sont les carnets des sociétaires dans lesquels le fromager consigne les mêmes indications.

8. — Non loin du bureau est le pèse-lait, véritable chef-d'œuvre de précision. Il indique des kilos et des dixièmes de kilos. Le lait est versé dans un couloir, sorte d'entonnoir dont la large base est formée d'une toile métallique à mailles très fines; nouveau progrès sur les anciens *couloirs*, au fond tapissé de branches de *daie* — sapin — ou de racines de chiendent. Le lait tombe dans un seau en fer battu, suspendu au pèse-lait. Son poids vérifié, le fromager le verse dans un seau en bois pour le porter dans la chaudière.

Enfin, à une autre extrémité de la salle, est un élégant comptoir en bois blanc. C'est là que le fruitier sert les clients qui viennent acheter le lait pour la consommation. Les acheteurs apportent exactement la somme qu'il leur faut, soit 0 fr. 20 par litre. Pour aller plus vite, on ne rend pas la monnaie. L'habitude a été vite prise et c'est une bonne chose, car, peser le lait, inscrire sur le registre, sur les carnets, servir les clients, remplir la chaudière, sont des opérations qui doivent se faire dans un temps relativement court.

La fabrication du fromage.

9. — L'animation est grande dans les rues lorsque la fruitière est ouverte. Chaque famille y envoie un représentant, soit pour porter le lait, soit pour en acheter, car il est formellement défendu à tout sociétaire d'en vendre un seul litre. Il peut en conserver pour son ménage et on le laisse libre d'en remettre pendant un an, un litre, provenant toujours de la même vache, aux jeunes mères qui n'allaitent pas leurs bébés.

Il y a plus d'une heure que le fromager est au travail. Il est dans la chambre à lait, pièce voisine de la cuisine. C'est une salle longue, peu large et très fraîche. Dans un bassin étroit, cimenté au mur, sont placés des rondots en fer battu. Il y en a une douzaine; leur base baigne dans de l'eau constamment renouvelée. C'est l'eau d'une des nombreuses sources de la montagne. Elle est très fraîche, et c'est une bonne chose, car la montée de la crème est d'autant plus rapide que la température du lait est plus basse, ce qui produit aussi un effet sur le volume et la qualité de la crème. Les fenêtres sont petites et grillagées, pour s'opposer à l'introduction des mouches. Le sol est bétonné, ce qui permet un lavage minutieux chaque jour. On emploie aussi des rondots en bois, tels que ceux que l'on voit à droite, sur un support. Le fromager lève la crème qui est à la surface du lait, à l'aide d'une large cuiller à bord tranchant : *la poche*. Il porte le lait écrémé dans les chaudières. Il met en place de nouveaux rondots qui seront utilisés dans peu d'instants.

N'entrons pas au chalet maintenant! Nous y serions importuns; c'est la réception et la vente du lait, chacun est occupé!...

Ces bruyantes opérations sont terminées, nous pouvons aller auprès du fruitier et le suivre dans son travail.

Dans les fortes sociétés, comme à Mouthe, il a un ou deux aides, car suivant la saison, l'on fait deux ou trois fromages en même temps. Les chaudières sont pleines. Il reste du lait qui est versé dans les rondots vides de la chambre à lait.

10. — Voici un sociétaire qui amène deux tonneaux vides et une brassée de bois. Ce bois va servir à chauffer le lait. Deux autres sociétaires se présentent de même : on va faire trois fromages. La crème qui a été levée sur les rondots leur est partagée. On pèse la quantité qu'ils en emportent dans leur bidon et on inscrit le chiffre sur le registre et sur leur carnet.

Un bon feu de bois sec pétille dans le foyer. Le lait chauffe doucement dans la chaudière. Profitons de ce moment pour jeter un coup d'œil sur les divers ustensiles employés.

11. — De temps en temps, le fromager plonge le thermomètre dans le liquide. Quand la température atteint 30°, il ouvre le fourneau et sort la chaudière. On va faire cailler le lait. Pour cela, on emploie de la *présure*, sorte de liquide préparé avec la peau de *caillette* — quatrième estomac d'un jeune veau. Cette présure est versée dans une espèce de large cuiller : *la poche*. De là, elle tombe dans la chaudière, puis le fromager agite le liquide à l'aide de la poche pour que la présure soit intimement mêlée au lait. Celui-ci est abandonné à lui-même pendant 15 ou 20 minutes. Au bout de ce temps, il est caillé. Le fruitier coupe le caillé d'abord en croix, puis dans tous les sens à l'aide de la poche qui a un bord tranchant. Ensuite, il prend un instrument appelé *tranche-caillé* pour sectionner la masse entière de la caséine, puis se munit du *déballieu*, repousse la chaudière sur le feu et se met à en brasser le contenu, pendant près d'une heure, toujours dans le même sens. Pour que le sectionnement de la caséine soit plus parfait, une petite planchette : la *palette*, attachée à l'anse de la chaudière, produit un remous dans la masse liquide.

12. — C'est de l'habileté du fromager que dépend le grain qu'aura le fromage, et aussi de son *déballieu*. Les anciens étaient formés d'un jeune sapin écorcé, aux branches recourbées et portant, à son extrémité, une belle boule en bois tourné. Aujourd'hui, ils sont formés de fils métalliques fixés à un manche en bois d'environ 1 m. 50 de long.

Tout en brassant, le fromager surveille la température du liquide qui doit en trois quarts d'heure être portée à 45°. Le grain obtenu, ce que le fromager constate en prenant une poignée de caséine et en la serrant dans sa main, la chaudière est retirée du feu. Cette petite boule, que le fromager forme, est appelée par les gamins une *rate*, probablement parce qu'en la mangeant, elle crie sous la dent. Les enfants s'en disputent la possession.

13. — Quand la masse est un peu refroidie, le fromage s'est déposé au fond de la chaudière sous forme d'un énorme gâteau. Le liquide qui surnage est le *petit-lait*. Le fromager prend alors une grande toile grossière et très claire de 2 mètres sur 1 m. 50 : c'est le *piais*. Il attache deux extrémités à son cou et enroule le bord opposé sur une lame métallique très flexible. Il fait suivre à cette lame les parois intérieures de la chaudière, de façon à ce que le gâteau soit tout entier dans la toile. Il saisit alors les quatre coins de celle-ci, après s'être débarrassé de la lame, puis aidé par un auxiliaire, il soulève le fromage, le laisse égoutter un moment, puis va le placer dans le moule. C'est un simple cercle de bois de noyer passé à l'étuve et formé d'une planchette de 1 m. 70 de long sur 14 ou 15 cm. de large. Grâce à une crémaillère fixée à une des extrémités, on peut varier à volonté le diamètre du cercle.

Une fois le fromage dans le moule, le fromager replie les bouts de la toile par-dessus, place sur le tout un plateau sur lequel vient appuyer la tige verticale de la presse. Deux ou trois tours de manivelle, la caséine est pressée, le petit-lait s'écoule et tombe dans une *ronde*, sorte de grand rondot, et le fromage prend une forme. Il sera retourné six fois pendant les 24 heures qu'il va être en presse.

Il importe de bien lever le fromage en entier, c'est-à-dire de bien manier la lame dans la chaudière, autrement la pièce a une tare indélébile. De même, quand on retourne le fromage pour changer sa toile et le soumettre à une nouvelle pression, c'est une perte que de le laisser fendre.

A chaque fois la pression est augmentée. Souvent la pièce porte au bord supérieur un bourrelet disgracieux. Le fromager l'enlève d'un coup de couteau, les enfants appellent cela de la *rondure*, ils en sont très friands.

14. — Voilà le fromage terminé. La chaudière est encore à moitié pleine de petit-lait. Le fromager va confectionner un nouveau fromage plus petit que l'autre puisqu'il ne pèse que 10 kilos et moins renommé : c'est le *serra*. Il vaut 0 fr. 20 le kilo quand il est frais et 0 fr. 40 quand il est vieux. Le fruitier refait du feu et lorsque le petit-lait bout, la chaleur détermine la formation d'un coagulum qui est composé d'albumine, de caséine et de crème. On appelle cela des *brèches*. Elles sont levées à l'aide d'une *poche percée* ou écumoire. On fait alors bouillir le liquide après y avoir ajouté une présure plus acide que l'autre, c'est l'*Azy*. Cette opération se nomme *trancher*. Au bout d'un moment, le fromage se forme. Le fruitier prélève une seille de ce mélange, c'est la *létiol*, qui constituera le souper du cultivateur pendant plusieurs jours. On en remplit aussi les bidons des pauvres gens.

Le caillé qui s'est formé à la surface du liquide, dans la chaudière, est levé avec l'écumoire, puis versé dans un moule, sorte de boîte prismatique aux parois perforées. Il est recouvert d'une planchette sur laquelle on place un poids de 10 kilos. Le petit-lait s'écoule. Douze heures après, le sociétaire viendra chercher son serra et l'emportera à la maison pour le soigner lui-même.

Toutes les opérations qui viennent d'être décrites ont été faites en même temps par deux aides du fromager dans deux autres chaudières. Voilà donc trois fromages et trois serras.

Nous avons vu que trois sociétaires avaient amené du bois pour chauffer le lait. Ils ont eu la crème des rondots, et ils vont emmener une seille de *létiol*, des *brèches*, un *serra* et les 250 litres de liquide verdâtre qui restent dans la chaudière : c'est la *recuite*. C'est dans cette recuite que le fruitier lave ses toiles et ses ustensiles, et tout est d'une propreté remarquable. Celle que le sociétaire emmène va servir dans l'alimentation de ses vaches. Ces trois sociétaires étaient ceux dont les carnets accusaient le plus grand nombre de litres de lait fourni. Nous comprendrons mieux le roulement établi lorsque nous verrons tout à l'heure une page du registre.

15. — Le fromage, au sortir de la presse, est emporté dans la cave à fromages, il est placé, à son rang, sur un rayon ou *pendant*. La cave est une vaste pièce aux fenêtres étroites; le sol est carrelé; les murs sont revêtus à l'intérieur d'une paroi en briques creuses, pour que la température reste constante. Une cloison en briques partage la cave en deux pièces. L'une est chauffée pour faciliter la maturation des meules. Celles qui gonflent trop vite sont portées dans l'autre partie de la cave où il n'y a pas de calorifère. Grâce à cette disposition, les pièces de fromage sont prêtes pour la consommation au bout de trois mois. On peut facilement loger dans la cave de 1,000 à 1,200 pièces de 40 à 45 kilos chacune.

C'est dans cette cave que le fromager passera une bonne partie de ses journées à saler, frotter et retourner les meules. Il les passe toutes en revue chaque jour. Trop humides, elles fermentent trop vite, gonflent, ont de grands yeux. Trop sèches, elles fermentent mal. Un défaut de vigilance du fromager entraîne fatalement une perte pour la société.

16. — La croûte enfin jaunit. De temps en temps, le marchand vient avec sa sonde. Il enlève dans la pièce, un petit cylindre, casse le bout pour le goûter, puis remet le reste en place. C'est ce qui explique la présence de ces *nœuds*, comme disent les citadins. Quand la pâte est jaunâtre, grasse, onctueuse au toucher, d'un bon goût de noisette, elle a fini son temps au chalet. Le marchand l'emballera avec neuf meules semblables dans un tonneau à douves de sapin. Et pour qu'elles ne se frottent pas les unes contre les autres, il les séparera avec des planchettes minces comme du carton : ce sont les *faux-fonds*. Les tonneaux, portant la marque de la maison, quelquefois même, de la société, vont être expédiés par le chemin de fer, dans toutes les parties du monde.

Les cultivateurs, en s'associant ainsi, pratiquent la vraie solidarité. Celui qui n'a qu'une vache contribue à la production fromagère comme celui qui en a cent; tous deux ont les mêmes droits dans la société; le premier touche moins que l'autre, voilà la seule différence.

Autrefois, on trouvait deux ou trois petites sociétés par village. Depuis quelques années, elles se fusionnent pour n'en former qu'une par commune. Il y a alors moins de frais généraux et de meilleurs produits.

A part de très rares exceptions, tous les cultivateurs d'un village font partie de la société de fromagerie. A la Saint-Martin, le 11 novembre, qui est le jour de l'an de l'année fromagère, les sociétaires se réunissent au chalet. Ils élisent le Conseil de gérance de trois à neuf membres. La société de Mouthe qui comprend une soixantaine de sociétaires, a neuf gérants : trois par quartier. Ce conseil se choisit un président et ses décisions ont force de loi. Dans les cas graves : *vente des fromages, contrat avec le fromager...*, la société tout entière est convoquée au chalet et l'on vote. Le trésorier est un homme indépendant, pris en dehors de la Société. La production fromagère comprend la saison d'hiver et la saison d'été. Au début de chaque saison, les fromages sont vendus d'avance à un marchand. Celui-ci vient chaque mois faire une pesée, c'est-à-dire prendre livraison de 80 à 100 pièces, soit 3,000 à 3,600 kilos. Le cours varie. En mars 1901, il était de 66 fr. 50 les 50 kilos. En mars 1902, il se montait à 81 fr. 25. L'argent est versé entre les mains du trésorièr. Le conseil de gérance calcule la somme à prélever pour les frais généraux : *traitement du fromager, annuités* et *amortissement du bâtiment, achat d'ustensiles, réparations*... Ce qui reste est réparti entre les sociétaires, proportionnellement au poids du lait apporté, en ayant soin de décompter à chacun la crème qu'il a reçue lorsque c'était son tour de *faire le fromage*.

Le trésorier répartit aussi, suivant la même proportion, l'argent qui provient du tronc, c'est-à-dire de la vente aux consommateurs. Pour Mouthe, cette somme varie de 500 à 700 francs par mois. Le tableau de répartition est affiché au chalet jusqu'à la pesée suivante.

17. — Les comptes sont minutieusement tenus. Examinons une page du registre. Elle est divisée en deux moitiés remplies chacune par l'apport d'une traite. La première moitié porte en haut : *1er juin 1902, soir*. Nous voyons, au total, que 319 lit. 1 de lait ont été portés dans les rondots de la chambre à lait. Pendant la nuit, la crème va monter à la surface de ce lait. Le lendemain matin, elle sera levée et répartie à peu près également entre trois sociétaires. Quels seront ceux-ci ? Un coup d'œil dans la colonne *Avoir* va nous l'apprendre. Nous voyons figurer le n° 16 avec 249 lit. 7 ; le n° 28 avec 223 lit. 8 ; et le n° 25 avec 204 lit. 1. Seulement ce n° 25 est arrivé un des derniers ; les chaudières étaient pleines et son lait ira reposer dans les rondots. Peut-être aussi, pour convenances personnelles, préfère-t-il que son tour ne vienne que le lendemain soir ! Dans tous les cas, c'est le n° 2 qui vient ensuite avec 203 lit. 8 qui est désigné avec les n°s 16 et 28, ainsi que nous pouvons le constater en haut de la seconde moitié de la page.

Nous lisons : 28, *Carrez* H. n° 7, c'est-à-dire 7e pièce depuis la dernière pesée ; 16, *Jouffroy*, 8e pièce et 2, *Guyon*, 9e pièce.

Le 2 juin au matin, le n° 16 avait à son actif 249 lit. 7 de lait. Il a apporté 32 lit. 3 ce matin, ce qui lui fait 282 litres. Or la chaudière contenait 498 lit. 3, il redoit donc 498 lit. 3 — 282 litres = 217 lit. 3 qui seront pris sur ses apports successifs. Un calcul semblable est fait pour les deux autres. Peu à peu, ils se libéreront de leur dû ; leur avoir grossira et ils finiront par arriver de nouveau à posséder le plus gros actif. Alors, ce sera de nouveau leur tour d'avoir la *crème*, le *serra*, les *brèches*, la *léliot*, la *recuite*, mais aussi de fournir le bois et de servir d'aides au fromager.

Nous pouvons également voir qu'à ce moment, la Société de Mouthe recevait environ 2.940 litres de lait par jour et donnait $5+5,5+5,5+5,5+6+6=33$ k. 5 de crème, en même temps qu'elle fabriquait six grosses pièces de fromage. Et puisque nous en sommes aux chiffres, disons que cette société distribue à ses sociétaires, en moyenne, de 80,000 à 90,000 francs par an, pour une production d'environ 55,000 kilos de fromage. Il faut ajouter à cette somme, à peu près 5,400 francs de crème et de beurre et pour 2,000 francs de serra.

Pour bien faire, il faut avoir du bon lait, car le bon lait donne toujours de bon fromage. Les statuts de l'association réglementent les divers cas qui peuvent se présenter. La fraude est assez rare ; chacun sait qu'il est surveillé et que la punition est dure. Quand un associé est soupçonné de mettre de l'eau dans son lait, le fromager en parle aux gérants qui font venir le chimiste. Celui-ci arrive généralement dans la nuit ; parfois même, il se déguise et se cache. Quand l'heure de porter le lait au chalet arrive, les sociétaires et les acheteurs entrent, mais personne ne sort. Un échantillon est prélevé dans chaque bidon, puis le résultat de l'analyse est communiqué au conseil de gérance. Si le procès en correctionnelle a lieu, la société reçoit d'importants dommages-intérêts; le jugement est publié dans les journaux de la région et affiché pendant 15 jours à la porte du chalet, voire même des chalets voisins. Quelquefois, le conseil accepte une transaction qui consiste en une grosse réparation ou en l'achat d'une chaudière neuve...

Par une loi d'atavisme, on s'est peu à peu, dans la montagne, habitué à considérer comme sacré tout ce qui se rapporte au bétail et au lait, et l'on a pu voir maintes fois un meurtrier être mieux considéré que celui qui a *mis l'eau dans le lait*. Il faut parfois jusqu'à deux générations pour effacer une semblable tare..

Mouiller le lait n'est pas la seule fraude. L'apport de lait provenant de vaches malades ou atteintes de mammites ou ayant vêlé depuis peu, est plus fréquent. Souvent l'on pèche par ignorance Ces laits s'altèrent rapidement. Ils communiquent l'altération aux autres laits et forcent infailliblement le fromage à *brécher*, c'est-à-dire à manquer. Une pièce bréchée est une pièce de rebut. Ces laits sont interdits. Il est encore une cause de mauvaise fabrication : c'est la malpropreté des bidons. Il se forme dans les récipients mal lavés des dépôts, véritables foyers de microbes malfaisants. Quelques sociétés ont totalement proscrit l'emploi d'ustensiles en bois ; un sociétaire malpropre risque de perdre toute une fabrication.

Tout cela est prévu dans les statuts. Le fromager fait la police dans son chalet et c'est ici que se dessine d'une façon manifeste, l'avantage d'une société puissante. Mieux payé, cet ouvrier est à l'abri de mesquines et peu scrupuleuses sollicitations; le conseil de gérance est plus indépendant, et les répressions étant plus à craindre sont plus rares!

Les sociétés semblables sont nombreuses dans le département du Doubs : il existe entre elles une sorte d'émulation ; on cherche à faire mieux que les voisins et, en marchant ainsi vers la perfection, on travaille d'abord pour soi, puis pour la petite patrie qui n'est qu'une fraction de la grande !

Pour le département, le XIXe siècle s'est terminé par une production de 5.300.000 kilos de fromage de gruyère, de 400.000 kilos d'autres fromages, de 1 million de kilos de beurre, le tout valant près de *10 millions de francs!*

Les Fermes dans la montagne.

18. — Quittons, si vous le voulez bien, le village et transportons-nous par la pensée et sans fatigue, au sommet du Mont-d'Or. Quel magnifique panorama ! toute la région suisse comprise entre les lacs Léman et de Neuchâtel, jusqu'au Saint-Gothard. Derrière nous, les deux chaînons du Risou et du Noirmont couverts de forêts et entre eux des clairières boisées qui forment de petites taches vert pâle dans l'immense forêt de sapins.

Ces clairières sont des pâturages qui ont été défrichés, cernés ou essartés, — trois mots à peu près synonymes — par nos ancêtres. Leur étendue varie de 15 ou 20 hectares à 150 hectares. On en compte une centaine dans le canton de Mouthe. Elles ont chacune leur nom; c'est ainsi qu'on trouve : *la Grange neuve, la Grange Dernier, la Grangette, la Combe, la Combelle, la Gentille, la Coquille, la Citadelle, la Landoz, la Bâtie, la Caille, les Môves, la Cernée, la Bien-aimée, les Frattes, les Auges de Pierre.*

19. — ... A peu près au centre du pâturage, se trouve la maison plus connue dans le pays sous le nom de grange que sous celui de chalet. Les anciennes ont une forme écrasée, n'ayant qu'un rez-de-chaussée bas et une toiture couverte de gros bardeaux, — planchettes de sapin — sur lesquels, pour lutter contre le vent, on a placé, de ci de là, de gros cailloux. Dans quelques-unes, la cheminée, vaste tronc de pyramide, forme toute la cuisine. Elle est terminée en haut par un grand trou carré que peuvent obstruer deux panneaux en bois — *les mantiaux* — qu'on abaisse depuis l'intérieur, à l'aide d'une chaîne. Suivant le vent dominant, on ferme l'un ou l'autre des manteaux. Ils se relèvent d'eux-mêmes par suite du poids de la partie qui dépasse au dehors. Par les grands vents, ils battent contre la paroi extérieure de la cheminée ; souvent ils grincent autour de leur pivot et ce bruit s'entend de fort loin : Les mantiaux crezènent, disent les paysans. C'est dans ces cheminées qu'on fume le lard, les saucisses et les jambons de montagne, produits d'une réputation européenne.

Les granges ou fermes plus récentes sont un peu plus élevées ; quelques-unes ont des chambres hautes — *prononcer chambrautes* — 1er étage. Elles sont couvertes en petits bardeaux ou même en tôle galvanisée; la cheminée a été réduite à des proportions plus rationnelles.

20. — On trouve dans la ferme, comme dans les anciennes fromageries de village, les quatre pièces indispensables. Il y a en plus, l'étable dépourvue de crèches, car les bêtes n'y mangent pas. La cuisine est enfumée; on y remarque la chaudière, qui, grâce à une potence, peut aller sur le foyer ou s'en écarter. Il n'y a pas de fourneau, simplement un petit mur en pierres de chaque côté pour renvoyer la chaleur. Au fond, on aperçoit la presse à fromage placée sur un grand bassin en bois. Sur un rayon fixé contre le manteau de la cheminée, on a mis sécher des serras. Seulement, les malheureux sont exposés aux mouches et par suite à leurs innombrables descendants : les asticots ! Il est vrai que c'est un produit à 10 centimes la livre !

21. - A côté de la cuisine, est la chambre à lait avec ses rondots pour la crème, ses étroites fenêtres où passerait difficilement un chat et qu'un morceau de toile à fromage obstrue, laissant passer l'air, mais non les mouches. Dans un rondot est le couloir, sorte d'entonnoir en bois au fond formé de branches de daie-sapin. Il fait presque froid dans cette chambre !

D'un autre côté de la cuisine est la cave à fromages très basse, mais dont les rayons supportent de magnifiques pièces de gruyère. Ces trois chambres ont un sol en terre battue, les murs ont été crépis, il y a longtemps; leur teinte est devenue indéfinissable.

22. — On trouve enfin, la chambre à coucher des habitants. Le mobilier en est des plus rustiques : deux bancs et une table en bois ; un lit formé de quatre ou cinq planches et dans lequel la paille tient une place honorable : c'est la parfaite expression de la rusticité !

Ces fermes, dont un grand nombre étaient autrefois habitées toute l'année, ne sont plus meublées aujourd'hui que pendant quatre mois : *juin, juillet, août* et *septembre*. Quand elles fonctionnent, on y trouve, comme personnel : *un fromager, un trancheur, deux armaillers, un berger*. Leur travail est nettement défini. Le fromager, qui a la haute main surtout fait le fromage, trait cinq ou six vaches et passe ses loisirs dans la cave à fromages.

Le trancheur est généralement un apprenti fromager. Il fait le beurre et le serra et va traire une dizaine de vaches. On l'appelle aussi le *dze-gn*'!

23. — L'*armailler* ou garçon de ferme trait les vaches qui restent et s'occupe de la provision de bo's. — Il va dans la pâture, couper les arbres secs et les transformer en *trintsons* ou bois à brûler. Il nettoie les étables matin et soir et emmène le fumier dans la pâture à l'aide d'un tombereau traîné par le taureau. Son costume est pittoresque, un large pantalon lié au-dessus des souliers et une blouse sans manches. Sur la tête une petite calotte ronde en paille, plus ou moins brodée et les bras nus jusqu'à moitié des biceps. Quand il va traire, il porte un *carnier* ou *tâche* rempli de sel, friandise des vaches. Après la courroie du carnier pend un petit pot, formé d'un morceau de corne et dans lequel est du serra frais qui servira à adoucir le pis de la vache. Son siège est d'une commodité rare. Il se compose d'un morceau de bois pointu à un bout, et fixé au centre d'un disque à l'autre bout. Ce disque porte deux courroies qui s'attachent autour des hanches. Il en résulte que l'armailler voyage de l'étable à la chaudière sans quitter son siège. Celui-ci se nomme un *bout-à-cul*, prononcez *boutaku*.

24. — Quant au berger ou *bouébe*, il surveille les vaches et ce n'est pas une sinécure avec des bêtes disséminées un peu partout. Il est aussi chargé de remplir constamment les abreuvoirs ou *auges* qui sont quelquefois distants d'un *kilomètre* les uns des autres. Ces abreuvoirs font bon effet dans le paysage. Ils sont composés d'une citerne avec douves en planches contenant parfois de 6 à 700 litres, d'un puisoir à balancier formé d'un jeune sapin ébranché portant, au gros bout, deux lourdes pierres et, à l'autre bout, le puisoir qui plonge dans la citerne. Le bassin est fait avec un gros sapin évidé sauf aux deux extrémités. A tout moment les vaches viennent boire, c'est pourquoi on a entouré la citerne d'un petit mur. Enfin le *bouébe* utilise ses rares moments de loisir à confectionner avec des brindilles écorcées de sapins, ces petits balais de *vergettes* si blanches et si commodes.

Dans ces chalets s'est conservée la vieille tradition de l'hospitalité montagnarde. Quand un étranger entre, sans aucune demande de sa part, on lui offre du lait, de la crème s'il y en a, et du bon pain de ménage. On se plaît à lui donner une foule d'explications sur le travail de la ferme. Si c'est le soir, on l'accompagne avec une lanterne et on ne le quitte que lorsqu'il ne court plus le risque de s'égarer. S'il sait vivre, il donne une rétribution qui ne lui sera jamais demandée.

La pâture est entourée d'un mur de pierres sèches qui n'offre de solutions de continuité qu'aux chemins. Ceux-ci sont barrés par des *clédars* — claies de hart — sortes de barrières en bois que le passant ouvre et a le soin de fermer après son passage, s'il ne veut s'attirer les malédictions du pauvre bouébo.

25. — Çà et là dans le pâturage, on trouve de vieux sapins que la hache respecte scrupuleusement. Nos ancêtres, dans leur prévoyance, sciaient un jeune arbre au-dessus d'une couronne de branches. Ils enlevaient le *ke-tsron* — la cime — L'extrémité des branches de la couronne se relevait, continuait à pousser et voilà ce qui explique la présence de ces bizarres sapins en forme de *candélabres*, dont les basses branches pendantes permettent à une vingtaine de vaches de se mettre à l'abri pendant la nuit, ou durant les grosses averses si fréquentes dans la montagne. Ces sapins sont appelés : *Espagnols*, car ils datent presque tous du temps où la Franche-Comté n'était pas encore française.

La grande fête des cultivateurs, dans la haute montagne, est la *montée des vaches*. Elle a lieu généralement à la fin de mai et avant la Saint-Claude — 6 juin. - Les propriétaires de granges ont loué des vaches à leurs voisins ou aux Suisses, s'ils n'en ont pas suffisamment. Le nombre de bêtes varie suivant l'étendue du pâturage. Il y a des fermes de quarante-cinq vaches, d'autres en ont plus de cent.

26. —Au jour fixé, on descend du grenier où elles étaient rangées, les diverses clochettes : *sonnettes, teupons, brandouilles, terkots campagnards*... en bronze, en acier, même en argent. On les attache au cou des vaches qui sont folles de joie à cette musique bien connue d'elles. Les portes de l'étable sont ouvertes et les bêtes se précipitent dans la rue. Les armaillers mettent un peu d'ordre, mais ce n'est pas sans peine; heureusement que tous les spectateurs apportent leur aide. Enfin, on organise le cortège. En avant marche le taureau : *à tout seigneur, tout honneur !* Sur son cou, se dresse en paratonnerre, l'unique pied du plus beau bout-à-cul, puis vient le troupeau. En arrière, les armaillers et, pour clore le défilé, la voiture aux bagages, sur laquelle on remarque surtout : la chaudière noire de suie, des sacs de sel dénaturé, la paille pour les lits et une caisse contenant le dîner.

Le berger qui précède le taureau, sert de guide. Il a un fouet tout neuf. De temps en temps, il pousse un cri sonore et bientôt il sera enroué. Sonneries, mugissements, cris, c'est une harmonie magnifique dans la grande forêt...

Arrivés à la ferme, on laisse les animaux en liberté et l'on va, à la frontière, attendre les vaches qui viennent de Suisse. Les douaniers prennent rapidement des notes et le nouveau troupeau vient rejoindre l'autre.

A midi, un grand festin réunit les propriétaires français et suisses, et... leurs nombreux amis. On mange de bon appétit; on cause, on chante, on boit à la prospérité de la ferme, au succès de l'*alpage* — saison de pâturage — à la France, à la Suisse... et un peu à tout !

On se lève de table à trois heures pour faire entrer les vaches à l'étable.

On les trait, ce qui est vite fait puisque les bras ne manquent pas, puis on les remet dehors. Elles ne reviendront que le lendemain matin, vers trois heures, uniquement pour la traite. Assez tard, dans la soirée, les invités regagnent leur domicile. Quelques-uns sont obligés de passer la nuit sous un sapin, les jambes refusant d'obéir à une tête qui ne sait plus commander.

Les armaillers restent à la ferme. Généralement, pour faire rentrer les vaches, ils chantent, devant la porte du chalet, une tyrolienne bien réussie, et cet air suffit pour amener tout le troupeau. D'aucuns sonnent dans une trompe faite d'une corne de vache. Si une bête est égarée, sa clochette la dénonce. Il est de ces petites cloches qui pèsent plus de 10 kilos et qui valent avec la courroie, près d'une cinquantaine de francs. Une vache privée de sa clochette dépérit; elle ne veut plus manger.

Quelques jours après la montée des vaches, le prêtre va bénir les chalets quand les propriétaires le demandent. On lui offre presque partout un bol de crème.

Il arrive souvent que, le soir de la montée, de jeunes bêtes franchissent le clédar et regagnent leur domicile distant parfois d'une vingtaine de kilomètres et elles suivent exactement le même chemin que le matin.

Les animaux restent à la ferme pendant la durée de l'alpage, soit jusqu'à la fin de septembre. Le fromage s'y fait comme au village. S'il est meilleur et mieux coté, cela tient à la qualité des plantes qui poussent sur ces hauteurs.

27. — Toutes les fermes ne sont pas habitées à la fois en été. Il y a des propriétaires qui en louent deux, rarement trois, pour avoir un *rechange*. On reste avec le bétail, 8 à 10 jours dans l'une, puis on passe dans l'autre, pour permettre à l'herbe de repousser, ce qui se fait rapidement, grâce à la température douce et à la fréquence des pluies. Dans tous les cas, la cave à fromages est à l'une des fermes et, chaque jour, le fromager et le trancheur y apportent : l'un son fromage et l'autre son serra. On transporte ainsi journellement, en deux fois, deux pièces de 35 à 40 kilos, ce qui est assez pénible, car il n'y a pas de route à proprement parler. La pièce est placée sur l'*oiseau*, sorte de plateau dont le centre repose sur la tête, et les bras, sur les épaules du fruitier. Le serra, non enveloppé, mais scintillant sous la couche de sel qui le recouvre, est apporté sur la *chaise*. C'est sur cette chaise que, deux fois par semaine, le berger ou un armailler descend au village le beurre fabriqué et rapporte du pain, car la base de la nourriture dans les granges est le laitage, rarement du vin et de la viande.

Il y a vingt ans, on comptait, pendant cette saison estivale, dans le seul canton de Mouthe, près de 5,000 vaches et une centaine de fermes ou de sociétés donnant par an 850,000 kilos de gruyère et 70,000 kilos de beurre de première qualité.

Depuis une dizaine d'années, des syndicats suisses d'élevage, louent des granges françaises, pour y envoyer des génisses et des veaux. Plus d'armaillers; un seul berger suffit. En outre, les propriétaires français abandonnent de plus en plus, l'exploitation de leur ferme au point de vue de l'industrie fromagère. Sur le territoire de Mouthe, la majeure partie des granges sont louées à des fromagers suisses pour une somme variant entre 1,500 et 2,500 francs.

Une des réjouissances du montagnard est d'aller, au moins une fois pendant la saison, manger la crème à la ferme.

Manger la crème ! Vous ne savez pas ce que ces mots renferment de jouissances. On la commande d'avance, quand on prévoit un beau dimanche. Le jour venu, on part avec des amis. On cueille des fraises parfumées qui poussent en abondance dans les pâtures, on porte à boire et l'on va s'attabler au chalet. La crème est épaisse et savoureuse; les cuillers sont en bois, il y en a même de spéciales pour les gauchers! On rit, on cause, on danse même, car tout armailler suisse est doublé d'un musicien. Pour se reposer, on chante. On oublie un moment ses chagrins et les multiples soucis de la vie, et le soir, quand bien las, on rentre se coucher, on a dans les yeux, l'image de grands sites et de beaux paysages, les poumons ont fonctionné à l'aise dans l'air pur et embaumé, et les oreilles sont encore pleines de rires et de l'harmonieuse sonnerie des clochettes. Quels délicieux moments !

28. — Mais le temps continue implacablement sa marche. Voici la mi-septembre l'herbe devient rare, le lait diminue, on ne fabrique plus de fromages de gruyère, on fait des boîtes. Ces petits fromages pèsent de 3 à 5 kilos et valent de 1 franc à 1 fr. 20 le kilo. On les sale, on les frotte, puis on les met dans d'élégantes boîtes en sapin. Quand le fromage est assez affiné, on le livre à la consommation sous le nom de fromage Mont-d'Or. Le canton de Mouthe en a la spécialité. La vente dure de novembre à mars et porte sur près de 250,000 kilos. Dans le pays, on appelle ce fromage « *de la boîte* », ce qui se prononce bouette! Il est délicieux, et le nom seul, à défaut des émanations, fait venir l'eau à la bouche et chatouille le palais. Cette industrie est en pleine prospérité. C'est que la boîte est un plat tout prêt ; c'est un apéritif, c'est un digestif, c'est un baromètre : si elle sent plus fort, le temps changera invariablement ! En avril, on n'en trouve presque plus. Journellement, en hiver, il en part de la montagne, des wagons à destination de tous pays.

29. — Vers le 25 septembre les vaches descendent des fermes. La descente n'est pas si gaie que la montée, il n'y a pas de fête proprement dite. Les moissons sont terminées, l'herbe a repoussé après la fenaison. Chaque propriétaire envoie ses vaches manger le regain sur ses champs, sous la garde d'un petit berger ou d'une fillette. Il faut un berger par sept vaches ou moins. L'ouverture du pâturage aux regains est fixée par un arrêté municipal. Jusqu'au 25 octobre, les vaches sont aux champs de 7 heures à midi et de 3 heures à l'angelus. A partir de cette date, elles vont sur tous les prés sans distinction de propriétaires.

30. — Quand il fait froid, les bergers voisins se réunissent et allument de petits feux pour se réchauffer ou... pour cuire des pommes de terre empruntées au jardin le plus proche. Il ne les savourent pas avec une quiétude complète, car pour suppléer à la voix de leur conscience, ils entendent parfois celle du garde champêtre sévère. Ces petits bergers sont payés une quinzaine de francs et... un serra !

Comme on le voit, on travaille et on s'aide dans les montagnes. Si Dieu ne les a pas faites attrayantes pour tous, s'il leur a donné un climat rude et un sol rebelle, du moins a-t-il procuré à leurs habitants les sources d'une aisance qui n'est pas à dédaigner, et surtout le moyen de pratiquer ce sentiment plus qu'humain : la fraternité !

Mouthe, 30 octobre 1902.

Henri CORDIER.
Directeur de l'Ecole communale de Mouthe.

BIBLIOTHÈQUE D'OMBRES ET LUMIÈRE

APPAREIL DÉPOSÉ

Hélios

Ce superbe appareil est justement apprécié **pour son fini irréprochable, sa solidité, son élégance, sa portabilité** et la qualité absolument supérieure de tout le système optique.

Éclairé par une forte lampe à pétrole à quatre mèches, sans la moindre fumée, on peut obtenir sur l'écran une belle image de quatre mètres carrés.

On pourra sans la moindre difficulté remplacer la lampe par les différentes matières intensives : acétylène, oxhydrique, oxyéthérique ou arc voltaïque, et ainsi obtenir des images de plus grandes dimensions (jusqu'à 100 mètres carrés).

Avec l'**Hélios,** on simplifie tout le fonctionnement en général, plus de difficultés pour l'introduction des tableaux et, par conséquent, plus d'images difficiles à centrer sur l'écran. — Son prix est de **85 francs,** tout complet en boîte.

Le plus commode, le meilleur, le plus pratique.

E. MAZO, OPTICIEN CONSTRUCTEUR **8, boulevard Magenta, Paris**

Demandez le Grand Catalogue de Projection, 250 pages de texte

www.ingramcontent.com/pod-product-compliance
Lightning Source LLC
Chambersburg PA
CBHW070457080426
42451CB00025B/2777